Jordi Pigem

De pequeño, mirando por la ventana, me hacía preguntas sobre el mundo y sobre el sentido de las cosas pequeñas y grandes. El mar y las montañas me enseñaron a amar la naturaleza y de joven fui coordinador de la revista de ecología *Integral*. Me doctoré en Filosofía y fui profesor, en Inglaterra, de un máster en Ciencia Holística dirigido por Brian Goodwin y con alumnos de todo el mundo. He explorado diversas visiones de la realidad, antiguas y modernas, y he comprobado que para aprender a vivir bien en esta Tierra tenemos que observar más atentamente y volver a sentir el prodigio de la vida.

Neus Caamaño

Nací en el año 1984 en un pueblo muy pequeño que se llama Terradelles. Como a muchos niños y niñas, una de las cosas que más me gustaba hacer era dibujar. Leer, también. He crecido rodeada de lápices, papeles, tijeras, pinturas y pinceles. Mi madre me ha enseñado gran parte de las cosas que sé, y pienso que, a lo mejor, fue ella la razón por la que me matriculé en Bellas Artes, en Barcelona. Pasados cinco años descubrí el mundo de la ilustración, que me fascinó inmediatamente. De lo que más disfruto es del álbum ilustrado: pensar, buscar, probar ideas e imágenes, cortar y pegar, borrar y empezar de nuevo.

Publicado por AKIARA books
Plaça del Nord, 4, pral. 1ª
08024 Barcelona
www.akiarabooks.com
info@akiarabooks.com

Primera edición: febrero de 2023
Colección: Akiwow, 1
Dirección editorial: Inês Castel-Branco
Impreso en España: @Agpograf_Impressors
Todos los derechos reservados

© 2023 Jordi Pigem, por el texto
© 2023 Neus Caamaño, por las ilustraciones
© 2023 AKIARA books, SLU, por esta edición
Depósito legal: B 23.523-2022
ISBN: 978-84-18972-26-3

AKIARA trabaja con criterios de sostenibilidad, buscando una producción de proximidad y minimizando el uso de plásticos y el impacto ambiental.

Este producto está hecho con material proveniente de bosques certificados FSC® bien manejados y de materiales reciclados.

REDESCUBRIR EL MUNDO

**Jordi Pigem
Neus Caamaño**

Cada vez sabemos más acerca de los procesos de la naturaleza.
Pero, cuanto más sabemos, más nos damos cuenta de lo que no podemos explicar.
Cada nueva respuesta genera nuevas **preguntas**.

Crece la tierra firme del conocimiento, pero aún crece más
el océano de lo que resulta sorprendente y nos llena de **admiración**.

El mundo es un prodigio. Cuanto más lo conocemos, más nos damos cuenta de ello.

El mundo no es una simple suma de átomos y moléculas.
El análisis y las matemáticas nos ayudan a entender muchas cosas, pero a menudo no nos dejan ver lo esencial.

«Lo esencial es invisible a los ojos», dice el Principito en el famoso relato de Antoine de Saint-Exupéry. Pero no hace falta ser el Principito para darse cuenta de que el mundo es un prodigio, como es un prodigio el **vivir**.

Participamos en el prodigio del vivir a cada momento, **aquí y ahora**.

EL ENCUENTRO DE LAS MARIPOSAS MONARCA

LA DANZA DE LAS ABEJAS DE LA MIEL

LAS BANDADAS DE PÁJAROS

EL SENTIDO DE ORIENTACIÓN DE LOS CHARRANES

LA MEMORIA DE LOS CASCANUECES

PALOMAS MENSAJERAS

SALMONES QUE VUELVEN A CASA

EL CANTO DE LAS BALLENAS

¿CÓMO SUPIERON QUE SE ACERCABA UN TSUNAMI?

LA INTELIGENCIA DE LOS ANIMALES

EL ENCUENTRO DE LAS MARIPOSAS MONARCA

Las mariposas monarca, una vez al año, se reúnen en un valle de México. Vienen del norte de Estados Unidos y del sur del Canadá para realizar su gran **encuentro anual**.

¿Cómo encuentran el camino?

No lo sabemos, porque las mariposas tienen un cerebro pequeñísimo
y una vida muy corta. Por lo tanto, las mariposas que este año
han llegado al valle de México no son las que habían ido el año pasado,
sino que son sus bisnietas.

¿Cómo sabían que les tocaba empezar a volar para llegar,
precisamente en aquel momento, a aquel valle de México?

**¿Cómo sabían el camino,
si no habían ido nunca?**

LA DANZA DE LAS ABEJAS DE LA MIEL

Las abejas se alimentan del néctar y el polen de las flores. Cuando una abeja de la miel encuentra una **buena flor**, vuelve a la colmena y lo comunica a sus compañeras... **¡con una danza!**

Las abejas ven la luz ultravioleta. Esto les permite saber en cada momento del día dónde está el sol, aunque esté muy nublado. Y lo aprovechan para **orientarse**.

La abeja repite un **circuito** en el que sacude rápidamente su cuerpo en el tramo central. La dirección de ese tramo indica en qué ángulo respecto al sol está la flor.

La abeja tiene en cuenta cómo va cambiando la posición del sol. **¿Y la distancia?**

Cuanto más tarda la abeja en recorrer el tramo central, más lejos está la flor. Cada segundo equivale, más o menos, a un 1 kilómetro.

LAS BANDADAS DE PÁJAROS

Mirad cómo vuela
una bandada de pájaros
y fijaos en cómo cambian
de dirección todos **a la vez**.

No es que el pájaro
que va delante sea como
el capitán que decide girar,
y entonces los otros lo siguen,
sino que todos cambian
de dirección a la vez,
de manera **instantánea**.
No tendrían tiempo de ver
que el pájaro de delante
ha girado.

Si intentásemos
hacerlo con aviones,
tan cerca unos de otros
como estos pájaros,
sería un verdadero
desastre.

EL SENTIDO DE ORIENTACIÓN DE LOS CHARRANES

El charrán ártico es un pájaro blanco de climas polares, de unos 100 gramos de peso. Cuando es verano en el hemisferio norte, está en el **Ártico**, donde no se pone el sol y el día tiene 24 horas de luz.

Pero, ¿qué pasa cuando llega el otoño y los días se hacen más cortos?

Entonces se va a la **Antártida**, porque, cuando en el Ártico es invierno, en la Antártida es verano.

Esto es lo que mucha gente querría, ¿no?
Tener dos veranos al año.

Desde hace poco, se hace un seguimiento detallado de estos pájaros, y se ha descubierto que cada año recorren unos 90 000 kilómetros.

Del Ártico a la Antártida, y de la Antártida al Ártico.

Y no siguen una ruta predeterminada, por montañas y valles, de norte a sur, sino que cruzan el océano, cambiando de ruta según el tiempo que hace, aprovechando los mejores vientos y alimentándose por el camino. ¿Cómo lo hacen?

¡Qué prodigio de inteligencia voladora!

LA MEMORIA DEL CASCANUECES

Un pequeño pájaro, el cascanueces americano, resulta tener una **memoria** prodigiosa. Se alimenta básicamente de piñones que solo están maduros durante tres semanas al año. Cada año, en esas tres semanas, el cascanueces recoge de los árboles una media de 30 000 piñones y los entierra en diferentes lugares, repartidos por un área de centenares de kilómetros cuadrados.

Durante los meses siguientes, el cascanueces tiene que **recordar** dónde ha ido enterrando los piñones, en un paisaje cambiante y que a menudo acaba cubierto con un metro de nieve. Sorprendentemente, es capaz de **encontrar** el 90% de las decenas de miles de piñones que ha enterrado.
En condiciones similares, **¿cuántos encontraríamos nosotros?**

PALOMAS MENSAJERAS

El primer servicio de correo aéreo no utilizaba aviones, sino **palomas mensajeras**. Se estableció en 1896 entre la ciudad más grande de Nueva Zelanda, Auckland, y la isla de Great Barrier, a unos 100 kilómetros de distancia.

Las palomas llevaban hasta cinco mensajes en cada vuelo, y hacían el recorrido en cerca de una hora y media. La paloma más rápida, Velocity, llegaba en solo 50 minutos. Existían unos sellos especiales, triangulares, que se utilizaban en este servicio de «**palomagrama**».

Las palomas se **orientan** incluso con el cielo nublado o a través de la niebla. Se han hecho experimentos en que se las lleva a lugares remotos, encerradas en furgonetas, y saben **volver a casa** igualmente, a distancias en que ni la vista, ni el oído ni el olfato las podrían guiar.

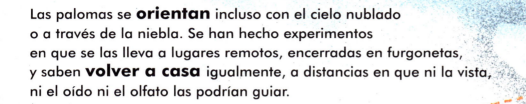

GREAT BARRIER

¿Se orientan con algún tipo de brújula interior?

Quizás. Pero una brújula no sirve de mucho si de entrada no sabes dónde te encuentras.

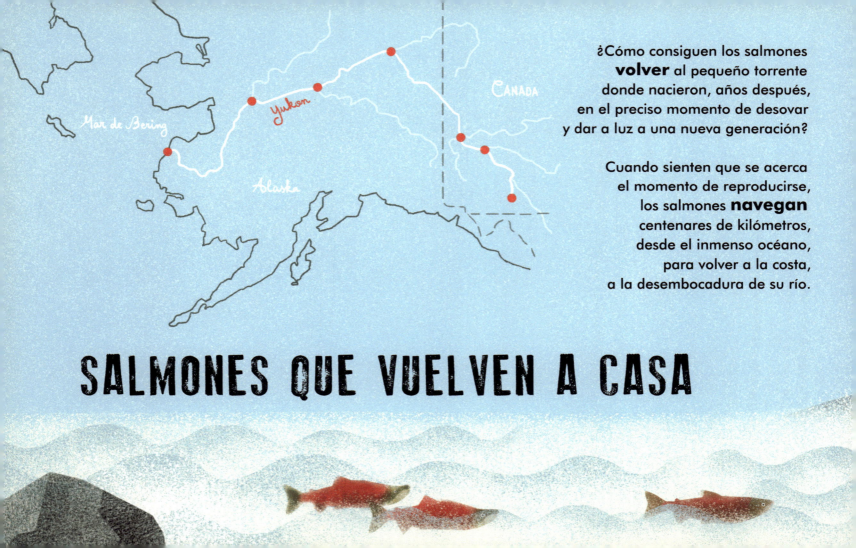

¿Cómo consiguen los salmones **volver** al pequeño torrente donde nacieron, años después, en el preciso momento de desovar y dar a luz a una nueva generación?

Cuando sienten que se acerca el momento de reproducirse, los salmones **navegan** centenares de kilómetros, desde el inmenso océano, para volver a la costa, a la desembocadura de su río.

SALMONES QUE VUELVEN A CASA

Después tendrán que **remontar** ese río a contracorriente, centenares de kilómetros más, y, cada vez que encuentran una confluencia de dos ríos, han de saber si el suyo es el de la izquierda o el de la derecha.

¿Cómo encuentran la costa, la desembocadura de su río y los afluentes correctos en cada confluencia, hasta llegar al lugar exacto **donde nacieron**?

EL CANTO DE LAS BALLENAS

Las personas y los pájaros no somos los únicos que cantamos.
También **cantan** muchas especies de ballenas, sobre todo la yubarta,
que se encuentra en todos los grandes océanos y está emparentada
con la ballena azul, el animal más grande del mundo.

Los machos de yubarta son conocidos por sus «**canciones**»,
que tienen **melodías** y **ritmos** complejos, duran horas y pueden ser oídas,
bajo el agua, a miles de kilómetros de distancia.

Estas canciones van **cambiando** con el paso del tiempo,
y son **diferentes** para cada grupo de ballenas. Las del Atlántico Norte,
por ejemplo, tienen un tipo de canción muy distinto de las del Pacífico Norte.
También cantan las ballenas azules del océano Índico.

Pero, ¿por qué cantan, realmente, las ballenas?
¿Para orientarse, para ayudarse, para celebrar la vida?...

¿CÓMO SUPIERON QUE
SE ACERCABA UN TSUNAMI?

Las personas que saben observar a los animales pueden a veces **prever**
terremotos, avalanchas y otras catástrofes observando
los **cambios** en su **comportamiento**.

En el año 2004, un enorme **terremoto** cerca de la costa de Sumatra,
en el océano Índico, provocó olas gigantes que arrasaron
centenares de kilómetros de costa en países como
Indonesia, Sri Lanka, India y Tailandia.

Más de 200 000 personas
murieron ahogadas por el tsunami.
Ningún sistema tecnológico fue capaz
de avisarlas del peligro.

Pero en la playa de Khao Lak, en Tailandia,
los elefantes rompieron las cadenas con las que estaban
atados para **marcharse** tierra adentro, hacia un lugar elevado.

Otros muchos animales vieron que tenían que escapar de un **peligro**:
búfalos, antílopes, cabras, flamencos… Los onge, un pueblo indígena
de las islas Andamán, también se dieron cuenta. Todos se salvaron.

**¿Cómo sabían que, a centenares de kilómetros,
una gran ola venía hacia ellos?**

UN BOSQUE QUE ES UN SOLO ÁRBOL

LAS RAÍCES SABEN LO QUE BUSCAN

¿QUÉ SE ESCONDE BAJO EL BOSQUE?

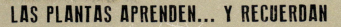

EL MUNDO DE SENSACIONES DE LAS PLANTAS

LAS PLANTAS APRENDEN... Y RECUERDAN

...Y SABEN HACIA DÓNDE HAN DE IR

¿DÓNDE ESTÁ EL MOTOR DEL ÁRBOL?

OBSERVA UN ÁRBOL

LA INTELIGENCIA DE LAS PLANTAS

UN BOSQUE QUE ES UN SOLO ÁRBOL

En las Montañas Rocosas de América del Norte hay un gran bosque de álamos temblones, con decenas de miles de troncos.
Pero todos esos **troncos están conectados** a través de sus raíces y son genéticamente **idénticos**.

Esos troncos son, en realidad, tallos o ramificaciones de **un solo árbol**, un único álamo al que llamamos **Pando** (que quiere decir 'me expando' en latín).

Es uno de los seres vivos más impresionantes que hay sobre la Tierra. Pando se ramifica en más de 40 000 troncos o tallos, pesa 6 millones de toneladas y lleva muchos miles de años respirando y expandiéndose.

En todo bosque hay mucho más de lo que vemos...

LAS RAÍCES SABEN LO QUE BUSCAN

Las raíces de los árboles saben **encontrar lo que necesitan.**

La raíz no espera a chocar contra una roca o toparse con una sustancia tóxica, sino que **cambia de dirección** cuando empieza a notar condiciones que no son favorables.

A medida que las raíces se extienden, van percibiendo las condiciones de humedad, gravedad, presión y luz, y van detectando la presencia de todo lo que necesitan: agua, nitrógeno, potasio, fósforo y otras sustancias.

En el año 1880, Charles Darwin, en su último libro, comparó la capacidad de **percibir** y guiar el **movimiento** que tienen las raíces con el cerebro de un pequeño animal.

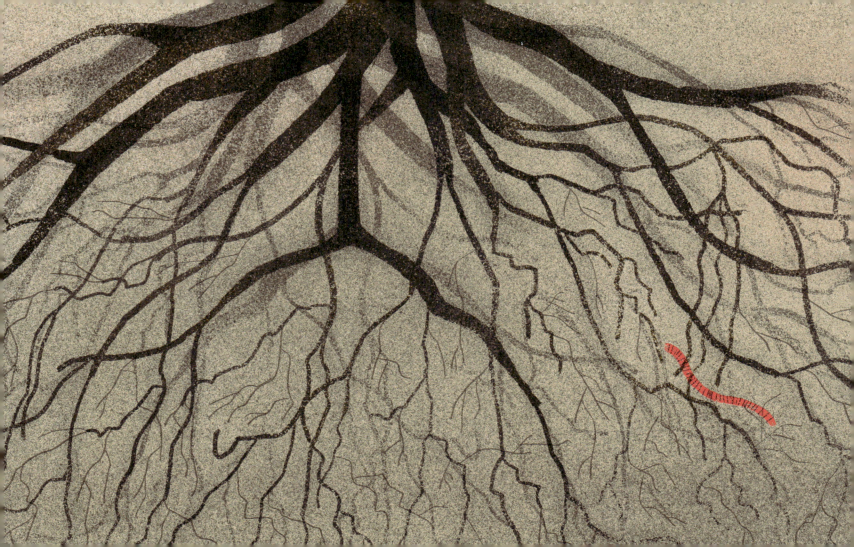

¿QUÉ SE ESCONDE BAJO EL BOSQUE?

Buena parte de la vida del bosque ocurre en el **subsuelo**.
Las **raíces**, generalmente, se extienden a través de un espacio
más amplio que las copas de los árboles.

Bajo tierra, las raíces **se encuentran** y **se reconocen**:
saben si son del mismo árbol, de otro árbol de la misma especie
o de un árbol de una especie distinta.

Las raíces **se comunican** bajo el bosque a través
de una inmensa red de filamentos llamados **micelios**,
que son la parte subterránea de los hongos que a veces
producen setas. A través de la red de micelios,
las raíces pueden **intercambiar** nutrientes,
incluso entre especies distintas de árboles.

Cuando en el bosque llega un patógeno u otro peligro,
los árboles **se envían señales** bajo tierra
y cambian su química para **protegerse**.

EL MUNDO DE SENSACIONES DE LAS PLANTAS

Las plantas no tienen cerebro, pero a través de ellas se mueven **estímulos eléctricos** y **químicos** que tienen muchas similitudes, más de las que podríamos imaginar, con el sistema nervioso de los animales.

Si a una planta carnívora
como la dionea se le da
un anestésico, deja de reaccionar
ante la presencia de los insectos.

Queda **anestesiada**
durante un tiempo, tal como
le pasaría a un animal.

Una nueva disciplina, **la neurobiología de las plantas**,
demuestra que las plantas son organismos sensibles e inteligentes
con capacidad de percibir, comunicarse, aprender y recordar.

LAS PLANTAS APRENDEN...

¿Cómo podemos acercarnos al **mundo interior de una planta?**

Podemos prestar atención a plantas que hacen movimientos especialmente visibles. Un ejemplo es la *Mimosa pudica*, una mimosa que cierra sus hojas en cuanto **siente un peligro**.

Un equipo de investigadores, encabezado por Monica Gagliano, puso 56 macetas con ejemplares de esta planta en un aparato que las dejaba caer 15 centímetros cada 5 segundos.

Y RECUERDAN

Al caer, las plantas sentían un peligro y cerraban sus hojas. Pero, después de repetir la caída diversas veces, dejaban de cerrar las hojas: **se daban cuenta** de que no había peligro y continuaban con su vida. Pero volvían a cerrar las hojas cuando aparecían otras señales de peligro.

Esto es aprendizaje.

Cuatro semanas después, se repitió el experimento. Las plantas de mimosa que habían pasado por el experimento seguían sin cerrar sus hojas al caer: **recordaban** que no había peligro.

Esto es memoria.

Las plantas **responden** de manera **coherente** a su entorno.
Sus movimientos no son simplemente mecánicos y no responden al azar.

Una forma de darse cuenta de ello es contemplar la planta de la judía
(*Phaseolus vulgaris*). A medida que crece, extiende sus filamentos **buscando**
el palo o la caña que le servirá de apoyo.

En filmaciones a cámara rápida, vemos que la planta, de algún modo,
percibe o **siente** dónde está el apoyo que necesita.

Realmente da la impresión
de que se estira en dirección
a su apoyo de manera
intencionada,
sabiendo lo que hace.

**¿Por qué no tendría
que saber lo que hace?**

¿DÓNDE ESTÁ EL MOTOR DEL ÁRBOL?

¿Cómo consiguen los grandes árboles que la savia **ascienda** 30 o 40 metros, desde las raíces más pequeñas y profundas hasta las hojas de las ramas más altas?

Un haya madura **bombea** hacia sus cientos de miles de hojas,
desde el subsuelo, unos 500 litros de agua al día,
a través de conductos microscópicos. **¿Cómo lo hace?**

Las explicaciones que encontramos en los libros de biología
(a través de procesos físicos como la capilaridad, la transpiración
y la ósmosis) no son suficientes para entender este **prodigio**.
Ninguna de nuestras tecnologías actuales podría conseguirlo.

Una red de miles de ascensores microscópicos
necesitaría un enorme motor para hacer subir un peso
tan grande en relación a su tamaño.

Pero el árbol hace subir el agua y los nutrientes que necesita
sin ningún motor, en **silencio**, de manera increíblemente **eficiente**.

OBSERVA UN ÁRBOL

Si la tecnología te parece fascinante, **observa** un árbol. Si puedes, fíjate en un árbol maduro, majestuoso, que ha ido desarrollando plenamente su forma. Y date cuenta de **todo lo que hace**.

El árbol produce oxígeno, sin el cual no podríamos respirar, y absorbe dióxido de carbono. Fija nitrógeno, aportando fertilidad a la tierra, y genera azúcares complejos, como los de la fruta que después nos alimenta. Además, capta energía solar de manera extraordinariamente eficiente, destila agua, produce madera, crea un microclima y se reproduce en incontables variaciones.

¿Tenemos alguna **tecnología** que pueda compararse con lo que hace un **árbol**?

LA CREATIVIDAD DE LOS COPOS DE NIEVE

MICROESCULTURAS QUE FLOTAN EN EL MAR

LA RESISTENCIA DE LA TELARAÑA

CRECIMIENTO EN ESPIRAL

EL PRODIGIO DE LAS PLUMAS

YELLOWSTONE Y EL RETORNO DE LOS LOBOS

LA INGENIERÍA DE LOS CASTORES

LA NATURALEZA CREADORA

LA CREATIVIDAD DE LOS COPOS DE NIEVE

¿Sabías que los copos de nieve que caen en una nevada tienen millones de **diseños distintos**? Vistos al microscopio, muestran casi siempre una estructura simétrica de seis lados o seis ramas iguales. Pero esa estructura se manifiesta en millones de formas distintas, pequeñas obras de arte que combinan **creatividad** y **precisión geométrica**.

El norteamericano Wilson Bentley hizo miles de fotografías de copos de nieve, que consideraba **«pequeños milagros de belleza»**. Uno de los primeros grandes investigadores de los copos de nieve, el japonés Ukichiro Nakaya, decía que son **«cartas enviadas desde el cielo»**.

En los copos de nieve, como en todas partes, cuanto más a fondo miramos, más prodigios descubrimos.

MICROESCULTURAS QUE FLOTAN EN EL MAR

El plancton que flota en la superficie de los océanos incluye unos organismos microscópicos llamados **radiolarios**.

Son organismos de una sola célula rodeados de un esqueleto traslúcido, casi de cristal, de gran **elegancia** y **simetría**.

Este esqueleto generalmente está hecho de sílice, que llega a los océanos a través de los ríos. Con la sílice también se forman unas algas microscópicas, también simétricas y espectaculares, las **diatomeas**.

Se conocen miles de especies,
y cada una tiene un **diseño característico**.

¿Cómo consigue la naturaleza generar
belleza y **funcionalidad** en un espacio microscópico,
con los materiales del entorno, **sin contaminar**,
en **silencio**, y contribuyendo con esa belleza
al equilibrio del conjunto de la vida?

LA RESISTENCIA DE LA TELARAÑA

Muchos de los problemas que se plantean
en el **diseño** contemporáneo
han sido muy bien resueltos
por los organismos y los ecosistemas
a lo largo de su evolución,
con soluciones que eran, a la vez,
eficaces, **elegantes** y **sostenibles**.

Pensemos en el hilo de la telaraña: en relación con su peso, es cinco veces más **resistente** que el acero, y mucho más **flexible**.

Además, la araña produce el hilo en **silencio**, a temperatura ambiente, únicamente con la energía de su metabolismo y sin generar residuos tóxicos.

CRECIMIENTO EN ESPIRAL

La naturaleza está llena de **ciclos** (como el ciclo de las estaciones: primavera, verano, otoño, invierno... y otra vez primavera). Completar un ciclo es como volver al inicio de un círculo (*ciclo* viene del griego *kyklos*, que significa 'círculo': por eso decimos *bicicleta* y *triciclo*).

Pero, a la vez, la vida es **crecimiento**. La unión del ciclo y el crecimiento toma forma en la espiral, que vuelve sobre sí misma mientras va creciendo.

En las formas de la naturaleza a menudo encontramos **espirales**.

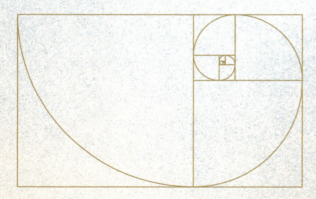

Una espiral que podemos encontrar a menudo, sobre todo en el mundo vegetal, corresponde a la llamada **divina proporción**, representada en la secuencia de rectángulos y cuadrados que ves aquí.

Fíjate en que cada figura encaja dentro de la siguiente y siempre se mantiene la misma proporción.

Encontramos esta **espiral** en el centro de muchas flores (girasol, margarita), en la disposición de las escamas leñosas de las piñas de los pinos y en las ramas u hojas de muchos árboles y plantas (araucaria, hiedra).

El caparazón de los moluscos llamados nautilos muestra una espiral ligeramente distinta, llamada **espiral logarítmica**.

EL PRODIGIO DE LAS PLUMAS

Las plumas de las aves son **únicas** para cada especie y para cada función. Hay plumas que **protegen** del frío y el agua, plumas que hacen de **timón** (en la cola) y plumas de **vuelo**.

Las plumas de vuelo son **aerodinámicas** (hacen que la resistencia del aire durante el vuelo sea mínima), son más cortas en la dirección en que avanza el ave (para evitar que el viento las doble) y tienen pequeños músculos que ajustan su posición (como si cada pluma fuera un dedo que se puede girar).
Sus filamentos más finos están entrelazados a través de ganchos diminutos que les dan mayor consistencia.

Las plumas son increíblemente **ligeras**,
pero también son muy **resistentes** y **flexibles**.

Proporcionan un magnífico **aislamiento**
respecto a los cambios de temperatura.

En muchas especies de aves, unas glándulas
especiales producen un aceite que hace que las plumas
se mantengan flexibles e **impermeables**:
el agua resbala por encima, sin mojarlas.
La propia ave se encarga de distribuir con su pico
el aceite para impermeabilizar las plumas.

La mayoría de plumas se sustituyen una vez al año:
¡caen las plumas viejas y salen otras nuevas!

Los lobos también pusieron límites a los coyotes,
y eso hizo que volvieran los conejos.

Y la carroña que dejaban los lobos hizo que volvieran los halcones.
Volvieron también los tejones, las comadrejas, los zorros, los cuervos,
los osos y las águilas de cabeza blanca.

Los ciervos se retiraron
a lugares más seguros.

Y, como los ciervos se comían los árboles y arbustos,
los **bosques** volvieron a crecer. Y, con árboles grandes
otra vez, volvieron los pájaros.

Y volvieron los castores, que necesitan mucha madera.
Y los castores hicieron posible que volvieran las nutrias,
los patos, y muchos peces y anfibios.

YELLOWSTONE Y EL RETORNO DE LOS LOBOS

En un **ecosistema** sano, cada especie tiene un papel único.

En el Parque Nacional de Yellowstone,
en el noroeste de Estados Unidos,
los humanos **acabaron con los lobos** en 1925.

Con el paso del tiempo, el ecosistema se fue **empobreciendo**.
Los árboles crecían poco y muchas especies animales desaparecieron.

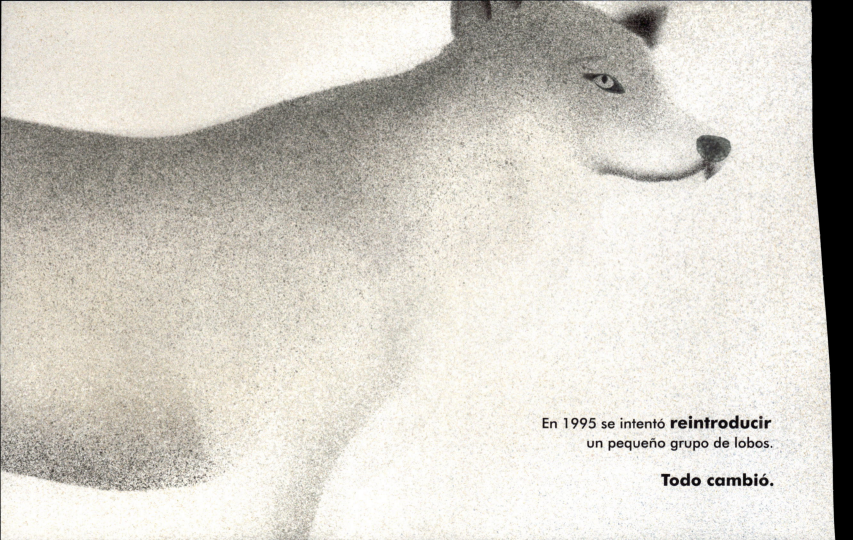

Todo ello, gracias al **retorno de los lobos**.

La regeneración de los bosques detuvo la erosión de los suelos. Y así los **ríos** pasaron a tener orillas más estables y a fluir con más vigor.

LA INGENIERÍA DE LOS CASTORES

Hay animales con habilidades arquitectónicas, capaces de crear **estructuras** mucho más grandes que ellos: las abejas construyen colmenas, las termitas edifican nidos, y también la mayoría de pájaros hacen nidos (los del tejedor republicano, un pájaro africano, pueden tener más de cien «habitaciones», cada una con una familia). Pero las construcciones más grandes de los animales son los **diques** de los castores.

Los castores cortan pequeños árboles con sus dientes y construyen diques con ramas, piedras y barro. Cuando hay escapes, los reparan. Cerca del dique construyen con ramas su **cabaña.** El dique hace subir el nivel de las aguas, y así la cabaña queda protegida. En la parte de arriba dejan más espacio entre las ramas para que circule el aire.

En los ecosistemas adecuados, los diques de los castores crean un hábitat que hace crecer la **biodiversidad**: aumenta el número de peces, ranas, pequeños mamíferos y pájaros acuáticos. Además, los diques de los castores hacen disminuir la erosión y las inundaciones, filtran los sedimentos y permiten que el agua se acumule bajo tierra, en los acuíferos.

El mundo es mucho más que una máquina. Las máquinas nunca se podrán aproximar al **prodigio de la vida** ni al prodigio de la inteligencia.

Las **máquinas** no piensan, solo calculan. Pueden calcular porque aplican simples reglas mecánicas, pero eso no es verdadera inteligencia, del mismo modo que una flor artificial no es una flor de verdad.

La llamada «**inteligencia artificial**» puede hacer traducciones aproximadas, pero, incluso si una máquina hace una buena traducción de un texto breve, nunca podrá entender lo que ha traducido. No tiene sensaciones, no tiene conciencia.

En cambio, los animales, las plantas y el conjunto de la naturaleza son guiados por la inteligencia de la vida, la **inteligencia vital**, que es la base de todas las formas de inteligencia.

Para saber más

Los dos grandes filósofos de la Grecia clásica, **Platón** y **Aristóteles**, explicaban que la filosofía y lo que hoy llamamos «ciencia» nacen del sentido de «asombro» (θαυμάζειν, *thaumazein*) ante la naturaleza y el mundo. Ese sentido de asombro caracteriza a todos los grandes creadores y científicos de la historia. **Leonardo da Vinci** alaba las «obras maravillosas de la naturaleza» (*opere miriabili della natura*). **Charles Darwin** concluye *El origen de las especies* con un elogio de cómo la vida genera incansablemente formas insuperablemente bellas y maravillosas (*endless forms most beautiful and most wonderful*).

Una buena invitación a redescubrir el prodigio de la naturaleza es *El sentido del asombro*, de la bióloga marina **Rachel Carson**. Cuando le hicieron ver que sus obras sobre el mar están llenas de poesía, Carson afirmó que «nadie podría escribir de verdad sobre el mar dejando de lado la poesía». En la misma línea, más recientemente, es muy recomendable *Una trenza de hierba sagrada*, de la botánica de origen indígena **Robin Wall Kimmerer**.

La mayoría de los ejemplos que aquí hemos ilustrado se explican con más detalle
(y con las referencias científicas correspondientes) en el libro *Inteligencia vital*, de **Jordi Pigem**.

Sobre Yellowstone y el retorno de los lobos, podéis ver en internet el breve vídeo
How wolves change rivers.

Entre las muchas obras que hoy ayudan a entender los prodigios de la naturaleza destacan
los libros de **Stefano Mancuso** (*La nación de las planta*, *Sensibilidad e inteligencia en
el mundo vegetal*) y los de **Peter Wohlleben** (*Comprender a los árboles*, *La vida secreta
de los árboles* y *La vida interior de los animales*).

También son recomendables *Animales arquitectos*, del arquitecto **Juhani Pallasmaa**,
y *Las manchas del leopardo: La evolución de la complejidad*, del biólogo teórico **Brian Goodwin**.